Magic Cooking

MATTHIAS F. MANGOLD

HIMMLISCHE BURGER

DIE REZEPTKAPITEL:

Abrakadabra! Mit wenig Zutaten und geringem Aufwand entstehen wie durch Zauberhand himmlische Burger, die auch im Alltag Freude und Genuss auf den Teller bringen.

Das sind Burger, wie wir sie kennen und lieben! Es braucht nur noch eine Prise Magie, um altbewährte Klassiker in ganz neuem Licht erscheinen zu lassen.

Versetze dich mit einem Schwung deines Zauberstabs in andere Geschmackswelten! Mit spannenden neuen Kreationen zauberst du dich geschmacklich aus der heimischen Küche in die Aromenvielfalt der orientalischen, asiatischen oder mexikanischen Küche. Das geht auch ganz ohne Fleischauflage!

Das grenzt ja schon an Hexerei! Wie die Rezepte auf geradezu zauberhafte Weise gelingen, verraten dir magische Tipps und Tricks sowie viele fantastische Ideen: Wer sagt, dass ein Burger ein Fleischpatty braucht? Der Pilz-Burger mit Currycreme (s. S. 26) oder der Risottoburger (s. S. 44) sind nur zwei Beispiele, die das Gegenteil beweisen! Und statt Ketchup oder Mayo sorgen aufregend neue Saucen für viel Genuss und die nötige Portion Exotik!

BURGERMANIE

Die Welt zwischen zwei Brötchenhälften

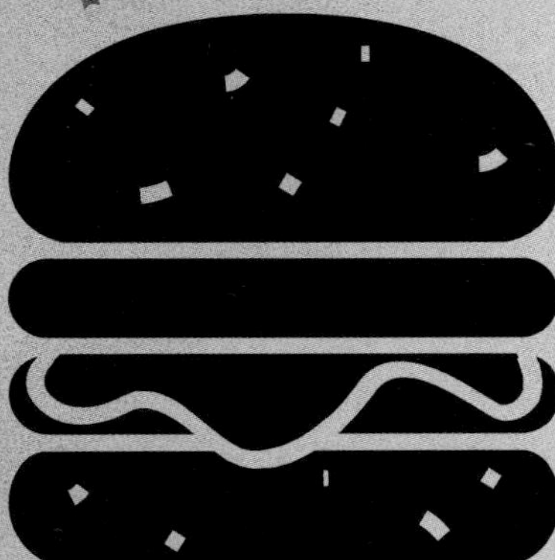

Das deutsche Lebensmittelrecht besagt, die Fleischscheibe eines Burgers müsse aus grob entsehntem Rinderhackfleisch bestehen und dürfe sonst lediglich Salz und Gewürze enthalten. Das war's. Aha, die **FLEISCHSCHEIBE!** Und was ist mit dem Rest? Der ist flexibel, denn selbst über den Ursprung des Hamburgers gibt es erheblich unterschiedliche Auslegungen in der Geschichte. Allen gemeinsam ist, dass ein Hamburger aber auch überhaupt nichts mit dem englischen Wort »ham« (für »Schinken«) zu tun hat.

Doch wer sagt eigentlich, dass ein Burger heutzutage unbedingt aus Rindfleisch bestehen muss? Schließlich gibt es **FISCH- UND CHICKENBURGER** schon seit Langem und Vegetarier sollen auch in keinster Weise außen vor bleiben. Ihnen stehen **VEGGIE-BURGER** mit Gemüsebratlingen oder solche aus Grünkern zur Verfügung, selbst Tofuburger sind keine Seltenheit mehr. Hier wird der »Hamburger« zur reinen Formsache: beliebt und in vielen Facetten machbar.

Die Rezepte in diesem Buch funktionieren genauso gut in der **PFANNE** wie auch auf dem **GRILL.** Allerdings: Wenn man für mehrere Personen gleichzeitig bruzzelt, ist der Grill eindeutig vorzuziehen, denn er bietet schlichtweg mehr Platz. Ideal ist eine Grillplatte aus dickem Edelstahl oder Gusseisen, aber auch der Grillrost tut's.

Das richtige **WERKZEUG** hilft, wie immer. Anstatt die Pattys mit der Hand zu formen, nimmt man für immer gleiche Ergebnisse eine Burgerpresse, die es in unterschiedlichsten Ausführungen gibt. Mit einem »Smasher« kann man dem Patty auf dem Grill Druck geben. Ein Spatel macht das Wenden leicht und wer Käse auf dem Fleisch schmelzen möchte, braucht definitiv einen »Melting Dome«. Wer dann noch einen Fleischwolf sein Eigen nennt, dem steht die Burgerwelt sperrangelweit offen ...

In jedem Fall gilt: Seien Sie kreativ und experimentierfreudig. Weil alles erlaubt ist, gibt es für die Zusammenstellung der Zutaten kaum Regeln. Puristen hätten vor ein paar Jahren noch über so manches Rezept die Nase gerümpft, doch heute weiß man es besser. Die einzige Regel dürfte sein: den **BURGER AUF KEINEN FALL TROCKEN WERDEN LASSEN!** Lieber einen Löffel mehr Sauce drauf als einen zu wenig. Es tropft und fließt? Es ist Burger!

GANZ PUR

RINDERBURGER

100 g Mayonnaise
100 g Ketchup
2 TL mittelscharfer Senf
½ TL geräuchertes Paprikapulver
½ TL Cayennepfeffer
1 TL Whiskey
Salz
300 g Rinderhackfleisch
6 Blätter Eisbergsalat
1 Tomate
½ Zwiebel
1 Gewürzgurke
1 EL Öl
2 Burgerbrötchen
Pfeffer
–
Für 2 Personen
25 Min. Zubereitung
Pro Portion ca. 985 kcal

1 Mayonnaise, Ketchup, Senf, Paprikapulver und Cayennepfeffer mit dem Whiskey verrühren. Die Mischung mit Salz würzen und gekühlt aufbewahren.

2 Aus dem Rinderhack mit angefeuchteten Händen zwei Pattys formen und diese mit Backpapier abgedeckt bis zum Braten in den Kühlschrank stellen.

3 Eisbergsalat waschen, trocken schleudern und in Streifen schneiden. Die Hälfte davon mit 3 EL der Sauce mischen. Die Tomate waschen, vom Stielansatz befreien und in Scheiben schneiden. Zwiebel schälen und in dünne Ringe schneiden. Die Gewürzgurke längs in vier bis sechs Scheiben schneiden.

4 Auf einer Grillplatte das Öl erhitzen, die Burger Buns ca. 1 Min. rösten, dann auf den Warmhalterost des Grills geben. Auf der Grillplatte nun die Rindfleischpattys von beiden Seiten in je ca. 3 Min. scharf anbraten. Herunternehmen, salzen und pfeffern.

5 Für die Burger auf den unteren Brötchenhälften die mit Sauce vermischten Salatstreifen platzieren, darauf das Rindfleisch, den puren Salat, die Tomatenscheiben, Zwiebelringe und Gurkenscheiben, obenauf noch einen Klecks Sauce, dann die oberen Brötchenhälften auflegen und die Burger servieren.

Mein magisches Geheimnis

für mehr Zartheit

Je kälter das Fleisch ist, desto zarter wird das Innere des Burgers. Darum ist es gar keine schlechte Idee, die Rinderpattys sogar für ca. 1 Std. tiefzukühlen und in leicht angefrorenem Zustand beölt auf den Grill zu legen.

PULLED-PORK-BURGER

1,8 kg Schweinenacken (küchenfertig)
3 EL mittelscharfer Senf
4 EL BBQ Rub Gewürzmischung
1 Weißkohl (ca. 1,2 kg)
600 g Möhren
2 Zwiebeln
Salz | Pfeffer
400 g Sauerrahm
150 g Mayonnaise
5 EL Weißweinessig
2 EL Zucker
Saft von 1 Zitrone
eine große Handvoll Endiviensalat
10 Burgerbrötchen
BBQ-Sauce
–
Für 10 Personen
30 Min. Zubereitung
10 Std. Garen
Pro Portion ca. 715 kcal

IT'S MAGIC!

Wohl dem, der einen Smoker hat. Denn mit ordentlich Rauch kommt noch mehr Geschmack ans Fleisch. Das ist zwar die aufwendigste Vorgehensweise, Liebhaber schwören allerdings darauf. Ob Buche, Hickory oder sonstiges Laubholz – jeder hat hier seine eigenen Vorlieben!

1 Den Grill auf 130° vorheizen, dabei eine Zone mit indirekter Hitze in Größe des Fleisches lassen. Unter den Grillrost eine große Tropfschale stellen, die den entstehenden Saft auffangen kann.

2 Den Schweinenacken mit Küchenpapier trocken tupfen, rundum mit dem Senf einstreichen und den Rub sorgfältig darauf verteilen. Das Fleisch auf die Zone mit indirekter Hitze über der Tropfschale geben und einen Temperaturfühler hineinstecken. Den Grilldeckel schließen und das Fleisch ca. 10 Std. garen, dabei stets die Temperatur kontrollieren. Diese sollte nicht höher als 90° gehen, andernfalls die Grundtemperatur des Grills herunterschalten.

3 Parallel den Weißkohl vierteln, den Strunk entfernen und das Kraut fein schneiden oder raspeln. Die Möhren putzen, schälen und ebenfalls fein raspeln. Die Zwiebeln schälen, fein würfeln. Die vorbereiteten Zutaten mit 2 TL Salz und etwas Pfeffer in eine große Schüssel geben und alles kräftig mit den Händen durchkneten, damit die Struktur des Krauts aufbricht. Sauerrahm, Mayonnaise, Weißweinessig, Zucker und Zitronensaft hinzufügen und gut untermischen. Mit Salz und Pfeffer abschmecken.

4 Nach ca. 10 Std. und bei konstantem Erreichen der gewünschten Kerntemperatur von 90° das Fleisch vom Grill nehmen, in Backpapier einwickeln und in einer Kühl-Isolierbox mindestens 30 Min. ruhen lassen. Danach herausnehmen und in eine große Schale

geben. Das Fleisch mit zwei Gabeln fasrig zerrupfen und sowohl den Saft aus der Isolierbox als auch aus der Auffangschale dazugeben.

5 Den Endiviensalat putzen, waschen, trocken schleudern und in Streifen schneiden. Die Burger Buns halbieren und auf dem Grill anrösten. Die untere Hälfte mit etwas BBQ-Sauce bestreichen und mit Weißkraut-Möhrensalat, Pulled Pork und Endiviensalat belegen. Deckel aufsetzen und genießen.

Meine Zauberformel

für weniger Arbeit

Wer ein Vakuumiergerät hat, tut sich deutlich leichter! Den mit Rub eingeriebenen Schweinenacken einfach vakuumieren und im Backofen bei 90° in 24 bis 36 Std. weich garen. Dabei entsteht viel Feuchtigkeit, die sich im Beutel sammelt und das Fleisch unglaublich zart werden lässt. Das permanente Kontrollieren der Temperatur entfällt!

HIRSCHBURGER MIT WILD-KRÄUTERN

1 kleine Zwiebel
2 Knoblauchzehen
1 Stück Ingwer (ca. 2 cm lang)
¼ Bund Minze
1 EL Pistazienkerne
350 g Hirschhackfleisch
Salz | Pfeffer
2 EL Wildpreiselbeeren
1 EL Öl
2 Burger- oder Pitabrötchen
50 g Wildkräuter
Grillsauce oder Remoulade nach Belieben

–

Für 2 Personen
25 Min. Zubereitung
Pro Portion ca. 535 kcal

1 Zwiebel und dn Knoblauch schälen, fein würfeln. Ingwer schälen und ebenfalls fein würfeln. Die Minze waschen, trocken schleudern, die Blättchen abzupfen und hacken. Die Pistazien mit der flachen Seite eines großen Messers andrücken und dann fein hacken.

2 Grill auf 200° vorheizen. Das Hackfleisch mit den vorbereiteten Zutaten in einer Schüssel zu einer homogenen Masse vermischen, salzen und pfeffern. Preiselbeeren unterheben. Zum Testen der Würzung einen Mini-Burger formen und mit etwas Öl auf dem Grill beidseitig garen. Restliche Masse bei Bedarf nachwürzen. Aus der Hackfleischmasse zwei Burgerpattys formen. Diese mit ein wenig Öl bepinseln und auf dem Grill garen, dabei nur einmal wenden.

3 Brötchen halbieren und die Hälften mit den Innenseiten nach unten ca. 1 Min. auf dem Grill rösten. Wildkräuter waschen, trocken schleudern. Die jeweils untere Brötchenhälfte mit Grillsauce oder Remoulade bestreichen, darauf die Burger platzieren, mit Wildkräutern bedecken und die zweite Hälfte auflegen.

Meine Prise Magie

Wer's noch saftiger mag, mixt aus 1 Avocado, 2 TL Zitronensaft, 2 EL gehackter Tomate, Salz, Pfeffer und 1 EL Blauschimmelkäse eine würzige Creme, die zwischen Fleisch und Kräuter gestrichen wird.

Ohne ist´s kein Burger

DIE BRÖT-CHENFRAGE

ÄUSSERE WERTE

Alle Welt spricht vom Inhalt, doch das Gelingen eines Burgers hängt nicht zuletzt an seinem äußeren Zusammenhalt – dem Brötchen. Und da darf man sich ruhig ein paar Gedanken machen, was hierfür infrage kommen könnte. Klar, jeder hat sofort erst mal den Klassiker im Kopf, das einladend goldbraun gebackene Weißmehlbrötchen mit Sesam obendrauf. Ist ja auch okay. Aber es gibt deutlich mehr Möglichkeiten.

GESCHMACKVOLL VARIIERT

Zunächst mal ist es am einfachsten, statt Weizenmehl solches aus Roggen zu nehmen. Ist etwas kräftiger, doch darf sich das Brötchen ruhig etwas batteln, vor allem gegen fleischlastige Burger. Wenn es um Fluffigkeit geht, führt am französisch orientierten Brioche kein Weg vorbei. Textur und Geschmack gehen in Richtung Milchbrötchen, die Verwendung von guter und nicht zu wenig Butter darf ruhig schmeckbar sein.

IMMER IM TREND

Wer Gemüseburger sagt, greift sicher auch gerne zu Vollkornbuns. Zum einen aus Überzeugung, zum anderen wegen der gesunden Kombi. Und ganz klar: Wenn wir schon über bewussteres Essen sprechen – Burger ist zwar Soulfood, aber nicht immer, ähm, die ideale Ernährung –, muss auch die Low-Carb-Variante einbezogen werden. Vor allem beim Selberbacken der Brötchen ist das echt easy zu machen mit einem Teig aus gemahlenen Mandeln, Ei und Quark oder Frischkäse.

EXTRAVAGANT VARIIERT

Noch eine Idee ist es, Gemüsebuns zu machen. Das geht beispielsweise mit Möhren als Grundlage, aber auch Blumenkohl ist wirklich lecker. Oder man schwenkt um auf Kichererbsenmehl, Linsenmehl … Die Auswahl ist absolut gigantisch! Wer im Schwäbischen oder in Bayern sozialisiert wurde, hat sicher auch schon Experimente mit Laugenbrötchen gemacht. Das mag ungewöhnlich klingen, funktioniert aber überraschend gut. Und nein, Ciabattabrötchen sind ebenso wenig ein Sakrileg wie Pide. Was gefällt, darf getestet werden. Und warum nicht ab und an auch selbst backen? Dies ist kein Hexenwerk und schenkt die Freiheit, mit Kräutern, Farbe (Spinat! Rote Bete! Kurkuma!) oder Speck zu experimentieren. Probier's doch einfach mal aus!

GEMÜSEBURGER MIT AUBERGINE UND PAPRIKA

1 mittelgroße Aubergine
2 Möhren
2 rote Paprika
4 große Champignons
2 EL Öl
2 Burgerbrötchen
4 Blätter Römersalat
4 TL Frischkäse mit Paprika
Pfeffer | Salz
rosenscharfes Paprikapulver nach Belieben

–

Für 2 Personen
20 Min. Zubereitung
Pro Portion ca. 315 kcal

1 Die Aubergine waschen, vom grünen Ansatz befreien und quer in vier Scheiben schneiden. Die Möhren waschen, bei Bedarf schälen. Anderthalb Möhren längs in Scheiben schneiden, die übrige Hälfte raspeln. Paprika waschen und längs vierteln, Stielansatz, weiße Trennwände und Kerne entfernen. Die Champignons putzen, bei Bedarf mit einem Tuch trocken abreiben und in Scheiben schneiden.

2 Auf einer großen Grillplatte oder in zwei Pfannen das Öl erhitzen, das vorbereitete Gemüse mit Ausnahme der Möhrenraspel darin auslegen und bei mittlerer bis großer Hitze beidseitig anbraten.

3 Parallel die Burgerbrötchen horizontal durchschneiden und mit den Schnittseiten nach unten auf dem Warmhalterost des Grills oder im Backofen goldbraun und leicht knusprig anbacken.

4 Inzwischen die Salatblätter waschen und trocken schleudern. Zeigt das Gemüse Röstaromen, ohne schon ganz weich zu sein, dann von der Grillplatte nehmen und auf einem Teller beiseitestellen.

5 Die Brötchenhälften mit je 1 TL Frischkäse bestreichen. Auf die unteren Hälften jeweils ein Salatblatt geben, darüber abwechselnd die Gemüse legen und die geraspelten Möhren dazustreuen. Nun alles mit frisch gemahlenem Pfeffer, Salz und Paprikapulver würzen. Mit den übrigen Salatblättern toppen, den Brötchendeckel auflegen und den Burger genießen.

Meine Zauberfomel

für mehr Textur

Statt der üblichen Blattsalate nehme ich hier Römersalat. Die Blätter sind knackiger und haben mehr Biss. Aber auch das Gemüse selbst sollte nicht zu weich sein, vor allem nicht die Paprika. Die Aubergine hingegen darf weicher werden – das schafft im Zusammenspiel dann eine schöne Saftigkeit.

RATZFATZ-BURGER MIT ROTER BETE UND BURRATA

350 g Rote Beten (vorgegart und vakuumiert)
2 EL Walnussöl
1 TL Selleriesamen
1 TL edelsüßes Paprikapulver
½ TL Knoblauchpulver
Salz | Pfeffer
2 EL Pinienkerne
2 Handvoll Rucola
130 g Burrata
2 Burgerbrötchen
Chiliflocken nach Belieben
2 TL Honig
–
Für 2 Personen
20 Min. Zubereitung
20 Min. Marinieren
Pro Portion ca. 690 kcal

1 Die Roten Beten aus der Verpackung nehmen und in Scheiben von ca. 1 cm Dicke schneiden. Diese in eine Schüssel geben, mit Walnussöl, Selleriesamen, Paprika- und Knoblauchpulver, Salz und Pfeffer vermischen und 20 Min. durchziehen lassen.

2 Pinienkerne in einer Pfanne ohne Fett anrösten, bis sie beginnen zu glänzen. Keine Farbe annehmen lassen, sonst werden sie schnell bitter! Inzwischen den Rucola verlesen, waschen und trocken schleudern. Die Burrata in zwei Stücke schneiden.

3 Grill auf 130° vorheizen. Die Roten Beten aus der Marinade nehmen und auf dem Rost von beiden Seiten jeweils 1 Min. angrillen. Die Brötchen halbieren und mit den Schnittseiten nach unten dazulegen.

4 Anschließend die Roten Beten mit einem Spatel zu zwei Haufen aufschichten, jeweils ein Stück Burrata darauflegen und anschmelzen lassen.

5 Nun den Burger bauen: Die unteren Brötchenhälften mit dem Rucola und den Roten Beten mit Burrata belegen. Dann mit Pinienkernen und nach Wunsch Chiliflocken bestreuen, den Honig darüberträufeln.

IT'S MAGIC!

Die Burrata ist zwar unglaublich saftig, doch natürlich besteht schon die Gefahr, dass sie auf dem Grill schnell schmilzt und dann verläuft. Büffel-Mozzarella besitzt als naheliegende Alternative mehr Festigkeit, die vom Halloumi sogar noch deutlich übertroffen wird.

BURGER MIT FETA UND RUCOLA

100 g griech. Joghurt (10 % Fett)
2 Knoblauchzehen
50 g Salatgurke
Saft von ½ Zitrone
Salz / Pfeffer
2 Handvoll Rucola
1 Tomate
1 Zwiebel
2 rote Peperoni
2 Eier
200 g Semmelbrösel
2 Schafskäse (Feta; à 200 g)
3 EL Öl
2 Burger- oder Pitabrötchen
–
Für 2 Personen
25 Min. Zubereitung
Pro Portion ca. 1 062 kcal

1 Den Joghurt in eine Schüssel füllen. Knoblauch schälen, sehr fein hacken. Das Gurkenstück waschen, längs halbieren, von den wässrigen Kernen befreien und fein würfeln oder raspeln. Mit dem gehackten Knoblauch zum Joghurt geben und alles mit dem Zitronensaft sowie Salz und Pfeffer abschmecken.

2 Rucola verlesen, waschen und trocken schleudern. Tomate waschen, vom Stielansatz befreien und in Scheiben schneiden. Die Zwiebel schälen und in feine Ringe schneiden. Peperoni waschen, halbieren, Stielansatz, weiße Trennwände und Kerne entfernen. Die Peperonihälften längs in feine Streifen schneiden.

3 In einem tiefen Teller die Eier mit Salz und Pfeffer verquirlen. Die Semmelbrösel auf einem flachen Teller ausstreuen. Die Schafskäse jeweils zunächst im Ei und dann in den Semmelbröseln wenden.

4 In einer Pfanne das Öl erhitzen und darin die Schafskäse von beiden Seiten in jeweils ca. 4 Min. bei mittlerer Hitze goldbraun braten. Parallel dazu die Burger- oder Pitabrötchen horizontal halbieren und im Backofen bei 180° in ca. 3 Min leicht anrösten.

5 Für die Burger auf die unteren Brötchenhälften je einen kleinen Klecks Joghurtsauce geben, darüber dann den Rucola, den gebratenen Schafskäse, die Tomatenscheiben, Zwiebelringe und Peperonistreifen schichten. Dann wieder Sauce darübergeben und den Burger mit der oberen Brötchenhälfte abschließen.

Meine fantastische Idee

für den Pfiff extra

Schafskäse und Mittelmeergemüse harmonieren wunderbar. Für noch mehr mediterrane Aromen den gebackenen Schafskäse mit gegrillten Auberginenscheiben einpacken und einige geröstete Pinienkerne darüberstreuen.

GANZ KLASSISCH

CHICKENBURGER MIT FRITTIERTEN ZWIEBELN

2 Hähnchenbrustfilets (à ca. 170 g)
1 EL Olivenöl
1 EL Garam Masala
3 EL Crème fraîche
Saft von ½ Limette
Chiliflocken nach Belieben
2 mittelgroße Zwiebeln
2 Eigelb
Salz
2 EL Mehl
200 g Butterschmalz
4 Scheiben Cheddar
2 Burgerbrötchen
2 Handvoll Babyspinat
–
Für 2 Personen
25 Min. Zubereitung
Pro Portion ca. 855 kcal

1 Die Hähnchenbrustfilets mit Küchenpapier gut trocken tupfen und horizontal halbieren. Öl und Garam Masala in einem flachen Gefäß vermengen, das Fleisch darin wälzen und etwas durchziehen lassen. In einem Schälchen Crème fraîche, Limettensaft und nach Belieben Chiliflocken vermischen.

2 Die Zwiebeln schälen und in Ringe schneiden. In einem tiefen Teller die Eigelbe verquirlen, salzen. Das Mehl auf einem flachen Teller ausstreuen. Die Zwiebelringe zunächst portionsweise im Mehl wälzen, danach durch das Eigelb ziehen. Parallel dazu das Butterschmalz in einem Topf erhitzen und mit einem Holzkochlöffel prüfen, ob kleine Bläschen am Stiel aufsteigen – dann ist das Fett heiß genug. Die Zwiebelringe portionsweise goldgelb frittieren, auf Küchenpapier abtropfen lassen und warm halten.

3 Auf einer Grillplatte die Hähnchenbrustfilets von beiden Seiten bei mittlerer Hitze je 2 Min. anbraten. Nach dem Wenden die Käsescheiben auf das Fleisch legen. Die Brötchen horizontal halbieren und mit den Schnittflächen nach unten dazulegen. Den Grilldeckel schließen, sodass der Käse schmelzen kann.

4 Babyspinat waschen und trocken schleudern. Für jeden Burger etwas Spinat auf der unteren Brötchenhälfte verteilen, gefolgt von je einem Stück Hähnchenbrust, frittierten Zwiebeln und einem Klecks Würzcreme. Die Schichtung noch einmal wiederholen und mit der oberen Brötchenhälfte abschließen.

Mein Prise Magie

für mehr Geschmack

Wer ein Vakuumiergerät hat, kann das Fleisch ein bis zwei Tage lang mit der Gewürzmischung und dem kleinen Schuss Öl unter Luftabschluss marinieren lassen, dadurch intensiviert sich die Würzung noch einmal richtig stark – für vollendeten Burgergenuss!

PILZBURGER MIT CURRY-CREME UND SALSA

Meine Zauberformel

für das gewisse Extra

Je nachdem, welches Currypulver und welchen Käse Sie wählen, können Sie den Geschmack des Burgers immer wieder variieren. Beides hat wesentlichen Einfluss auf das Aroma! Ein mildes Curry verträgt sich eher mit einem schmeichelnden Edamer oder Cheddar, die etwas schärfere Variante legt sich auch mit einem sehr würzigen salzig-mineralischen Bergkäse an.

360 g Rinderhackfleisch
Salz | Pfeffer
3 Knoblauchzehen
1 Bio-Limette
3 EL Crème fraîche
½ TL Currypulver
2 mittelgroße reife Tomaten
1 kleine rote Zwiebel
2 Stängel glatte Petersilie
1 EL Essig
150 g frische Steinpilze (alternativ Kräuterseitlinge)
1 EL Olivenöl
2 Scheiben würziger Bergkäse
2 Burgerbrötchen
2 Handvoll Rucola

–

Für 2 Personen
30 Min. Zubereitung
Pro Portion ca. 805 kcal

1 Das Rinderhackfleisch mit Salz und Pfeffer kräftig würzen, alles gut mit den Händen durchkneten und zwei gleich große Burgerpattys daraus formen.

2 Eine der Knoblauchzehen schälen, fein hacken. Die Limette heiß waschen und abtrocknen. Die Schale mit dem Zestenschneider abziehen und sehr fein hacken. Limettenzesten und gehackten Knoblauch zur Crème fraîche geben, mit Salz, Pfeffer und Currypulver würzen und alles gut verrühren.

3 Die Tomaten waschen, halbieren, Stielansatz und Kerne entfernen, das Fruchtfleisch würfeln. Die Zwiebel und eine zweite Knoblauchzehe schälen, beides fein hacken und zu den Tomaten geben. Die Petersilie waschen, trocken schleudern, die Blätter von den Stängeln zupfen und ebenfalls fein hacken. Unter die Tomaten mischen, dann alles mit Salz, Pfeffer sowie dem Essig würzen und etwas durchziehen lassen.

4 Die Steinpilze putzen, bei Bedarf mit einem Tuch oder einer Bürste von Sand oder Erde reinigen. Die Pilze in Scheiben schneiden. Übrige Knoblauchzehe schälen und in sehr dünne Scheiben schneiden.

5 Das Öl auf einer Grillplatte erhitzen und darauf die Rindfleischpattys scharf anbraten. Nach 3 Min. umdrehen und den Käse auf das Fleisch geben. Die Pilze auf die freie Fläche um das Fleisch legen und den Grilldeckel schließen. Nach weiteren 3 Min. das Fleisch herausnehmen, die Pilze umdrehen, den Knoblauch dazugeben und weitere 2 Min. braten. Parallel die Brötchen horizontal halbieren und mit den Schnittseiten nach unten dazulegen.

6 In der Zwischenzeit den Rucola verlesen, waschen und trocken schleudern. Zum Servieren die untere Hälfte der Burgerbrötchen jeweils mit einem Rindfleischpatty belegen und diese mit der gewürzten Crème fraîche bestreichen. Dann die Pilze, die Tomatensalsa und zuletzt den Rucola darauf verteilen. Mit einem Klecks Crème fraîche toppen und den Brötchendeckel auflegen.

RINDERBURGER MIT KIWI UND ROTER BETE

300 g Rinderhackfleisch
1 Stück Ingwer (ca. 2 cm)
1 Ei
1 EL Dijon-Senf
Salz | Pfeffer
1 Rote Bete (ca. 100 g; vorgegart und vakuumiert)
1 Zweig Rosmarin
4 Zweige Thymian
1 Bio-Zitrone
2 EL Öl
1 Kiwi
4 Blätter Salat nach Belieben
2 EL Crème fraîche
1 TL Tomatenmark
2 Burgerbrötchen
3 EL Sprossen-Mix
–
Für 2 Personen
30 Min. Zubereitung
Pro Portion ca. 760 kcal

1 Das Hackfleisch in eine Schüssel geben. Ingwer schälen, sehr fein würfeln und dazugeben. Beides mit Ei und Senf gut vermengen, dann mit etwas Salz sowie Pfeffer abschmecken. Zu zwei Pattys formen.

2 Die Rote Bete aus der Verpackung nehmen und in Scheiben schneiden. Rosmarin und Thymian waschen, trocken schütteln, die Nadeln und Blättchen abzupfen, fein hacken. Zur Roten Bete geben.

3 Die Zitrone heiß waschen, abtrocknen. Die Schale abziehen, fein hacken. Den Saft auspressen. Zitronenschale und 1 EL Saft mit 1 EL Öl ebenfalls zur Roten Bete geben. Etwa 10 Min. durchziehen lassen.

4 Kiwi quer halbieren, das Fruchtfleisch vorsichtig mit einem Messer aus den Schalenhälften lösen. In Scheiben schneiden. Die Salatblätter waschen und trocken schleudern. Die Crème fraîche mit Tomatenmark und 1–2 TL Zitronensaft verrühren.

5 Übriges Öl auf einer Grillplatte erhitzen und die Pattys darin von beiden Seiten jeweils ca. 3 Min. braten. Vom Grill nehmen und warm stellen. Rote-Bete-Scheiben ebenfalls von beiden Seiten in je 1 Min. scharf angrillen. Die Brötchen horizontal halbieren und mit den Schnittseiten nach unten dazulegen.

6 Die Burger in der Reihenfolge Brötchen, Creme, Salat, Patty, Rote Bete, Kiwi und Sprossen-Mix bauen. Mit der oberen Brötchenhälfte abschließen.

Meine fantastische Idee

für Veganer

Anstatt die Pattys aus Rindfleisch zu machen, konzentrieren wir uns komplett auf Rote Bete. Entsprechend 400 g ganze frische Rote Beten geschält in Gemüsebrühe weich garen (dauert locker 40 Min.), abkühlen lassen, in dicke Scheiben schneiden, marinieren und dann ab damit auf den Grill!

Fett oder mager?

DAS FLEISCH

RINDERHACK IST TRUMPF

Die Wahl des »richtigen« Fleisches ist natürlich immer ein wichtiges Thema beim Burgerbau. Fein raus ist, wer einen Fleischwolf zu Hause hat, denn der kann selbst bestimmen, wie sich sein Hack zusammensetzt. Rein intuitiv setzen die meisten Burgerliebhaber auf Rindfleisch, und tatsächlich ist es Schweinehack oder auch gemischtem Hackfleisch geschmacklich deutlich überlegen.

HERZHAFT GUT

Damit ergibt sich auch schon eine Parade derjenigen Stücke vom Rind, die am besten für Burger geeignet sind. Gut durchzogene Schulter, ordentlich marmorierter Nacken, mal ein Brisket, also Brust – das ist erste Wahl. Nur wer damit angeben will, es sich leisten zu können, der nimmt Roastbeef, Hüftsteaks oder Ribeye. Das sind für Steaks sicher die wertvollsten und zartesten Teile, für Burger ist dies jedoch überzogen.

NICHT ZU MAGER

Dennoch sollte man darauf achten, dass das Fleisch nicht zu trocken wird. Anzuraten ist ein Fettgehalt um die 20 Prozent, er darf aber auch mal höher liegen. Fett ist zum einen definitiv ein Geschmacksträger, andererseits sorgt es für die richtige Konsistenz beim und nach dem Braten. Rinderhack mit zu wenig Fett tendiert dazu, bröselig zu werden, das Patty kann dann im ungünstigsten Fall zerfallen.

MIT GEDULD KNETEN

Um die Bindung zu verbessern, sollte das Fleisch nicht nur kurz mit den Gewürzen vermischt werden; ein regelrechtes Durchkneten über mindestens ein bis zwei Minuten führt zu dem Ergebnis, dass sich die Fettanteile noch besser mit dem Rest verwoben haben, und genau diese Engmaschigkeit lässt das Patty in der Pfanne oder auf dem Grill sehr gut zusammenhalten. Etwas Muskelarbeit lohnt sich also!

IDEALGEWICHT

180 Gramm ist die Zauberformel für durch und durch gelungene Pattys. Dann bleiben sie schön saftig, lassen aber trotzdem genügend Raum für die anderen Burgerauflagen. Fleisch, das nicht sofort auf dem Grill landet, kann tiefgekühlt werden und auch so auf den Grill kommen. Vorheriges Auftauen ist nicht nötig! Wichtig ist, die Pattys vor dem Braten mit etwas Öl zu bestreichen, damit die Oberfläche beim Kontakt mit der Hitze nicht austrocknet.

WILDSCHWEINBURGER MIT ROSENKOHL

150 g Rosenkohl
20 g Butter
frisch geriebene Muskatnuss
Salz | Pfeffer
1 Schalotte
40 g geräucherter Bauchspeck ohne Schwarte
1 Zweig Rosmarin
1 Ei
2 EL Semmelbrösel
½ TL gemahlener Kreuzkümmel
300 g Wildschweinhackfleisch
2 Scheiben Cheddar
2 Burgerbrötchen
4 EL Frischkäse mit Tomaten

–

Für 2 Personen
30 Min. Zubereitung
Pro Portion ca. 715 kcal

1 Rosenkohl putzen, am Ansatzende abschneiden und die Kohlköpfchen in einzelne Blätter zerteilen. In einer Pfanne die Butter zerlassen und die Blätter darin ca. 5 Min. schwenken, sodass sie noch etwas Biss haben. Mit Muskatnuss, Pfeffer und Salz würzen.

2 Die Schalotte schälen, fein würfeln. Bauchspeck ebenfalls fein würfeln. Rosmarin waschen, trocken schütteln, die Nadeln abzupfen und fein hacken.

3 Das Ei in eine Schüssel aufschlagen, Schalotten- und Speckwürfel, Semmelbrösel, Kreuzkümmel, Rosmarin und das Wildschweinhack dazugeben und alles mit angefeuchteten Händen gut vermengen, salzen und pfeffern. Daraus zwei Pattys formen.

4 Auf einer Grillplatte die Burgerpattys von jeder Seite ca. 3 Min. anbraten. Nach dem Wenden die Cheddarscheiben auf dem Fleisch verteilen. Die Burgerbrötchen horizontal halbieren und mit den Schnittflächen nach unten dazulegen. Den Grilldeckel schließen, sodass der Käse schmelzen kann.

5 Zum Servieren die unteren Brötchenhälften mit jeweils 1 EL Frischkäse bestreichen, darauf ein Patty legen, den Rosenkohl darüber verteilen, wieder einen Klecks Frischkäse obenauf geben und zuletzt mit der oberen Brötchenhälfte abschließen.

IT'S MAGIC!

Tomatenmark ist ein sehr starker Umami-Faktor. Ein guter Esslöffel davon unter die Fleischmasse gemischt, hebt das Grundaroma noch einmal auf ein anderes Level!

TEXMEX-SCHWARZE-BOHNEN-BURGER

2 EL geschroteter Leinsamen
1 Dose Schwarze Bohnen (270 g Abtropfgewicht)
2 Knoblauchzehen
1 rote Zwiebel
2 Stängel glatte Petersilie
2 EL Weißwein
Salz
½ TL Chilipulver
50 g Haferflocken
30 g Sonnenblumenkerne
1 TL gemahlener Kreuzkümmel
1 TL getr. Thymian
1 TL geräuchertes Paprikapulver
1 TL dunkle Sojasauce
1 EL Öl
2 Burgerbrötchen
½ Fleischtomate
1 Essigurke
4 Blätter Salat

–

Für 2 Personen
30 Min. Zubereitung
Pro Portion ca. 635 kcal

1 In eine Schüssel ca. 60 ml Wasser geben. Den Leinsamen mit einem Schneebesen einrühren und etwa 10 Min. quellen lassen. Die Bohnen in ein Sieb abgießen, kalt abspülen und gut abtropfen lassen.

2 Knoblauch schälen, fein hacken. Zwiebel schälen, eine Hälfte fein hacken, die andere in dünne Scheiben schneiden und beiseitestellen. Petersilie waschen, trocken schütteln, die Blätter abzupfen und ebenfalls fein hacken. Die Hälfte der Bohnen in einem Topf mit einem Drittel des Knoblauchs, dem Weißwein, Salz und Chilipulver aufkochen und bei kleinster Hitze zugedeckt ziehen lassen.

3 Die Haferflocken mit den Sonnenblumenkernen in einen Mixer geben und in ca. 5 Sek. zerkleinern. Übrige Bohnen dazugeben und den Mixer kurz für etwa 1 Sek. pulsieren lassen. Restlichen Knoblauch und gehackte Zwiebeln sowie die Leinsamen, die gehackte Petersilie und die Gewürze mitsamt der dunklen Sojasauce dazugeben und sämtliche Zutaten nicht zu fein vermahlen. Aus der Masse zwei gleich große Kugeln formen und diese mit einem breiten Spatel auf eine Höhe von ca. 2 cm platt drücken, sodass zwei schöne Burgerpattys entstehen.

4 Das Öl auf einer Grillplatte oder in einer Pfanne erhitzen und die Pattys darin bei großer Hitze auf beiden Seiten ca. 4 Min. braten. Parallel die Brötchen horizontal durchschneiden und auf dem Warmhalterost des Grills oder im Backofen erwärmen.

5 Tomate waschen, abtrocknen, vom Stielansatz befreien und in Scheiben schneiden. Die Essiggurke längs in dünne Scheiben schneiden. Die Salatblätter waschen und trocken schleudern.

6 Zum Servieren untere Brötchenhälften mit Salat, Pattys, Tomaten-, Zwiebel- und Gurkenscheiben anrichten. Die oberen Brötchenhälften auflegen. Die gegarten Bohnen salzen, pfeffern und dazu reichen.

Meine Zauberformel

für Mexiko-Feeling pur

Richtig mexikanisch wird die Sache, wenn du die im Topf gegarten Bohnen noch mit den Würfeln der zweiten Tomatenhälfte und gehacktem Koriandergrün sowie frisch gemahlenem Kreuzkümmel aufpeppst. Zum Schluss dann noch das fein gewürfelte Fruchtfleisch einer halben Avocado unterheben, und schon ist der Texmex-Burger perfekt!

SÜSSKARTOFFEL-ZUCCHINI-BURGER

1 große runde Süßkartoffel
1 mittelgroße Zucchini (ca. 300 g)
Salz
1 kleines Bund krause Petersilie
100 g Quark
½ rote Paprika
1 Knoblauchzehe
150 g Tofu
1 Ei
4 EL Mehl
Pfeffer
Öl zum Braten
2 Burgerbuns
1 Handvoll Babyspinat
–
Für 2 Personen
35 Min. Zubereitung
Pro Portion ca. 720 kcal

1 In einem Topf Wasser aufkochen. Die Süßkartoffel darin ungeschält im Ganzen in ca. 30 Min. bissfest garen, abgießen und ausdampfen lassen. Zucchini in eine Schale reiben, mit 1 TL Salz vermengen und etwa 20 Min. stehen lassen. Danach gut ausdrücken.

2 Petersilie waschen, trocken schleudern, die Blättchen abzupfen und fein hacken. Etwa drei Viertel davon mit dem Quark mischen und beiseitestellen.

3 Paprika waschen, Stielansatz, weiße Trennwände und Kerne entfernen. Knoblauch schälen. Paprikahälfte, Knoblauch und Tofu fein würfeln, mit der restlichen Petersilie, dem Ei und dem Mehl zu den Zucchiniraspeln geben, pfeffern und alles zu einer griffigen, eher trockenen als feuchten Masse verkneten. Bei Bedarf noch etwas Mehl zugeben. Die Masse abschmecken und daraus zwei Pattys formen.

4 Die Süßkartoffel schälen und aus der dicksten Stelle vier Scheiben von jeweils ca. 0,5 cm Stärke schneiden. Mit etwas Öl bepinseln und auf dem Grill von beiden Seiten scharf anbraten. Daneben die Gemüsepattys pro Seite ca. 4 Min. bei mittlerer Hitze braten. In den letzten 2 Min. die halbierten Brötchen mit den Schnittseiten nach unten dazulegen.

5 Spinat waschen, trocken schleudern Die Reihenfolge beim Burgerbau lautet: untere Brötchenhälfte, Quark, Süßkartoffel, Spinat, Patty, Quark, Süßkartoffel, obere Brötchenhälfte. Dazu passt BBQ-Sauce.

Meine fantastische Idee

für mehr Wumms

Dem Quark kann man mit Cayennepfeffer und roten Pfefferbeeren mehr Würze und ein anderes Mundgefühl verleihen. Dafür darf die dazu gereichte BBQ-Sauce eine Fruchtbasis besitzen.

GANZ KREATIV

BRATWURSTBURGER EXOTISCH-RUSTIKAL

1 kleine Zwiebel
100 g Speck
500 g Sauerkraut
Salz
1 Lorbeerblatt
5 Pfefferkörner
4 Pimentkörner
3 Wacholderbeeren
50 ml Apfelsaft
50 ml Sekt
1 TL Currypulver
4 Scheiben Frühstücksspeck
2 grobe Bratwürste
2 Laugenbrötchen
2 Eier
10 Stängel Schnittlauch
2 TL grobkörniger Senf

–

Für 2 Personen
30 Min. Zubereitung
Pro Portion ca. 930 kcal

1 Die Zwiebel schälen, fein würfeln. Speck ebenfalls würfeln und in einem kleinen Topf auslassen. Die Zwiebel darin glasig anschwitzen. Das Sauerkraut dazugeben, mit Salz, Lorbeer, Pfeffer, Piment und Wacholder würzen. Den Apfelsaft angießen und bei mittlerer Hitze einziehen lassen. Den Sekt und das Currypulver hinzufügen, alles gut vermischen und bei kleiner Hitze 15 Min. zugedeckt köcheln.

2 Die Speckscheiben auf einer Grillplatte knusprig anbraten, dann herausnehmen und auf Küchenpapier abtropfen lassen. Bratwürste bei mittlerer Hitze rundum kross anbraten. Die Brötchen halbieren. Mit den Schnittflächen nach unten ca. 2 Min. dazulegen.

3 Die Bratwürste von der Grillplatte nehmen und auf Küchenpapier entfetten. Die Eier auf der noch öligen Grillplatte zu Spiegeleiern braten, sodass der Dotter noch leicht flüssig ist. Den Schnittlauch waschen, trocken schleudern und in feine Ringe schneiden.

4 Die unteren Brötchenhälften jeweils mit Senf bestreichen und mit Sauerkraut belegen. Bratwürste halbieren und daraufgeben, obenauf die Speckscheiben und die Spiegeleier anrichten. Alles mit dem Schnittlauch bestreuen und den Laugendeckel auflegen. Das restliche Sauerkraut als Beilage genießen.

Meine Prise Magie

für mehr Exotik

Einen völlig anderen Dreh bekommt das Kraut, wenn man Ananas- oder Mangowürfel mitköcheln lässt. Die Mischung verbindet sich schon in ca. 20 Min. ganz gut, wird aber noch besser, wenn sie auf kleinster Hitze stundenlang ziehen kann.

BRUSCHETTABURGER

Meine Zauberformel

für mehr Geschmack

Nicht einfach die erstbesten Tomaten kaufen, sondern sich erkundigen, welche zu dieser Jahreszeit besonders viel Aroma haben. Und dann am besten noch zwei bis drei sonnengetrocknete und danach in Öl eingelegte Tomaten fein hacken und unter die Mischung heben – das ist ein absoluter Umami-Booster!

250 g Rinderhackfleisch
1 Bio-Zitrone
1 Ei
2 EL Semmelbrösel
Salz | Pfeffer
1 TL Piment d'Espelette
250 g Kirschtomaten
2 Knoblauchzehen
1 kleine Zwiebel
1 EL Aceto balsamico
1 EL Olivenöl
8 Basilikumblätter
200 g Mozzarella
1 kleine Zucchini
1 EL Öl
2 Burgerbrötchen
1 Handvoll Pflücksalat
50 g Parmesan (am Stück)
2 EL Burger- oder Grillsauce

–

Für 2 Personen
25 Min. Zubereitung
Pro Portion ca. 1 042 kcal

1 Das Rinderhackfleisch in eine Schüssel geben. Die Zitrone heiß waschen und abtrocknen, die Schale fein abreiben oder abziehen und fein hacken. Die Schale zusammen mit dem Ei und den Semmelbröseln zum Rinderhack geben, alles mit den Händen gründlich vermengen und mit Salz, Pfeffer sowie mit Piment d'Espelette kräftig abschmecken.

2 Die Kirschtomaten waschen und je nach Größe vierteln oder achteln. Knoblauch und Zwiebel schälen, fein würfeln. Mit Tomaten, Balsamico und Öl vermischen. Basilikum waschen, trocken schütteln und hacken. Vom Mozzarella 50 g würfeln, mit dem Basilikum zu den Tomaten geben, kurz ziehen lassen, dabei salzen und pfeffern. Übrigen Mozzarella in vier Scheiben schneiden.

3 Die Zucchini waschen, trocken tupfen und der Länge nach in Streifen schneiden. Aus der Hackfleischmasse zwei gleich große Pattys formen. Diese im heißen Öl auf einer Grillplatte beidseitig in ca. 3 Min. scharf anbraten. Parallel die Zucchini anbraten, auch die halbierten Brötchen mit den Schnittseiten nach unten kross anrösten. In der letzten Minute die Mozzarellascheiben auf die Pattys legen und anschmelzen lassen.

4 Salat waschen und trocken schleudern, den Parmesan hobeln. Für die Burger die Brötchenhälften mit Burger- oder Grillsauce bestreichen. Auf der unteren den Salat, die Pattys und den Mozzarella anrichten, dann jeweils 1 guten Esslöffel Tomatenmischung obenauf geben und mit den Zucchini und dem gehobelten Parmesan abschließen. Die obere Brötchenhälfte auflegen.

RISOTTOBURGER MIT SPIEGELEI UND AVOCADO

400 ml Gemüsebrühe
1 EL Butter
1 Schalotte
1 Stück Ingwer (ca. 2 cm lang)
150 g Risottoreis
50 ml Weißwein
6 TK-Kaffir-Limettenblätter
20 g Parmesan (am Stück)
3 Eier
2 Stängel Koriandergrün
1 reife Avocado
1 Bio-Limette
1 Knoblauchzehe
Chilipulver
Salz | Pfeffer
2 EL Öl
2 Burgerbrötchen
1 rote Zwiebel
2 große Blätter Eisbergsalat
–
Für 2 Personen
40 Min. Zubereitung
Pro Portion ca. 940 kcal

1 In einem Topf die Gemüsebrühe erwärmen und warm halten. Die Butter in einem weiteren Topf bei mittlerer Hitze zerlassen. Die Schalotte schälen, fein würfeln und in der heißen Butter glasig anschwitzen, dabei aber nicht bräunen. Den Ingwer schälen, fein reiben und ca. 30 Sek. mitdünsten.

2 Reis hinzufügen und ca. 1 Min. unter stetigem Rühren mitdünsten. Den Wein angießen und offen bei mittlerer Hitze köcheln lassen, bis ihn der Reis fast vollständig aufgenommen hat. Dann die Kaffir-Limettenblätter hinzufügen und so oft zwei Kellen Gemüsebrühe dazugeben und einziehen lassen, bis der Reis nach ca. 20 Min. bissfest gegart ist. Parmesan darüberreiben und zusammen mit einem Ei untermischen. Den Risotto zugedeckt stehen lassen.

3 Koriander waschen, trocken schleudern und fein hacken. Die Avocado halbieren, den Kern entfernen, das Fruchtfleisch aus der Schale lösen und in einer Schüssel mit einer Gabel zerdrücken. Die Limette heiß waschen und abtrocknen, die Schale abziehen und hacken, den Saft auspressen. Beides zur Avocado geben. Knoblauch schälen, hacken und ebenfalls hinzufügen. Alle Zutaten gut vermischen, mit Chili, Salz und Pfeffer abschmecken, Koriander unterheben.

4 Aus dem Risotto mit gut angefeuchteten Händen zwei Pattys fomen. 1 EL Öl auf der Grillplatte erhitzen und die Reispattys darin von beiden Seiten jeweils ca. 3 Min. anbraten. Die Brötchen halbieren und mit

den Schnittseiten nach unten ebenfalls anrösten. Die Zwiebel schälen und in Ringe schneiden. Den Salat waschen, trocken schleudern und kleiner zupfen.

5 Die Brötchen mit Reispattys, Guacamole, roter Zwiebel und Eisbergsalat belegen. Das restliche Öl auf die Grillplatte geben und die übrigen Eier als Spiegeleier braten. Diese kommen als letzte Schicht vor dem Brötchendeckel auf den Burger.

Meine fantastische Idee

für Extraaroma

Mit Käse und Speck schmeckt alles besser, heißt es ja immer. Käse brauchen wir in diesem Fall nicht mehr, aber ein paar Streifen Bacon machen sich ganz prima. Sie kommen ganz am Ende auf die Grillplatte, man lässt sie kurz anrösten – und dann werden auf ihnen die Spiegeleier gebraten!

CHICKENBURGER MIT GORGONZOLA UND RADICCHIO

2 Hähnchenbrustfilets
1 TL Korianderkörner
3 EL helle Sojasauce
½ TL geröstetes Sesamöl
½ TL brauner Zucker
½ Kopf Radicchio
1 reife Birne
1 EL Öl
Pfeffer
2 Burgerbrötchen
100 g Gorgonzola
20 g gehackte Walnusskerne
2 EL Crème fraîche
–
Für 2 Personen
25 Min. Zubereitung
30 Min. Marinieren
Pro Portion ca. 745 kcal

1 Hähnchenbrustfilets mit Küchenpapier trocken tupfen und längs in jeweils drei bis vier Streifen schneiden. Koriander im Mörser andrücken, dann mit Sojasauce, Sesamöl und Zucker in einer Schüssel verrühren. Das Fleisch darin ca. 30 Min. marinieren.

2 Radicchio waschen und trocken schleudern, dann in dünne Streifen schneiden. Die Birne halbieren, das Kerngehäuse und den Strunk entfernen und das Fruchtfleisch längs in Scheiben schneiden.

3 Die Fleischstreifen aus der Marinade nehmen und abtropfen lassen. Das Öl auf der Grillplatte erhitzen. Das Fleisch darin in ca. 90 Sek. von allen Seiten scharf anbraten, am Ende pfeffern. Die Brötchen horizontal halbieren, mit den Schnittflächen nach unten dazulegen und in ca. 2 Min. kross anrösten.

4 Gorgonzola würfeln. Die Nüsse grob hacken. Für den Burger die Schnittseiten der Brötchen mit Crème fraîche bestreichen. Die unteren Hälften nacheinander mit Radicchio, Birnenscheiben, Fleischstreifen, Gorgonzola, gehackten Walnüssen und nochmals Radicchio belegen. Obere Brötchenhälfte auflegen.

5 Den Burger zum Schmelzen des Käses nochmals für 1–2 Min. bei geschlossenem Deckel auf den Grill geben, der nun auf kleinste Hitze geschaltet ist.

IT'S MAGIC!

Blauschimmel und Birne sind ja eher für Weichheit und Saftigkeit verantwortlich. Damit sich das ausbalanciert, braucht es die Bitterstoffe des Radicchio. Je mehr, desto Knack … Und natürlich schmilzt ein cremiger Blauschimmelkäse ganz wunderbar. Wer aber mal was Neues ausprobieren will, kauft englischen Stilton-Blauschimmel, begießt ihn mit etwas Portwein und lässt das Ganze mindestens 30 Min. durchziehen. Geschmacklich ein Hammer!

KÖFTEBURGER MIT JOGHURT-MINZ-SAUCE

½ Bund Minze
1 Bio-Zitrone
1 Stück Salatgurke (ca. 40 g)
3 Knoblauchzehen
250 g griech. Joghurt (10 % Fett)
Salz
100 g Rinderhackfleisch
100 g Lammhackfleisch
100 g Schafskäse (Feta)
1 Zwiebel
3 Stängel glatte Petersilie
1 Ei
1 TL Olivenöl
3 EL Semmelbrösel
½ TL Chilipulver
½ TL grobes Salz
Pfeffer
½ TL getr. Thymian
½ TL getr. Oregano
½ TL gemahlener Kreuzkümmel
1 EL Öl
2 Burgerbrötchen
–
Für 2 Personen
25 Min. Zubereitung
Pro Portion ca. 835 kcal

1 Die Minze waschen, trocken schütteln, die Blätter abzupfen und fein hacken. Zitrone heiß waschen und abtrocknen, die Schale fein abreiben. Das Gurkenstück waschen und auf der Küchenreibe fein raspeln. Eine der Knoblauchzehen schälen, fein hacken.

2 Den Joghurt in einer Schüssel verrühren. Die vorbereiteten Zutaten hinzufügen, untermischen und die Joghurt-Minz-Sauce mit Salz abschmecken.

3 Nun das Rinder- und Lammhackfleisch in eine Schüssel geben. Den Schafskäse zerbröckeln und hinzufügen. Zwiebel und übrige Knoblauchzehen schälen, fein hacken. Die Petersilie waschen, trocken schütteln und mitsamt den Stängeln fein hacken.

4 Zwiebel, Knoblauch und Petersilie zusammen mit dem Ei, dem Olivenöl, den Semmelbröseln und den Gewürzen zum Hackfleisch geben und alles zu einer homogenen Masse verkneten. Zu zwei Pattys formen.

5 Auf einer Grillplatte das Öl erhitzen und darauf die Pattys von beiden Seiten jeweils ca. 3 Min. anbraten. Die Brötchen horizontal halbieren und mit den Schnittseiten nach unten ca. 2 Min. mitrösten.

6 Zum Servieren die unteren Brötchenhälften mit der Joghurt-Minz-Sauce bestreichen, dann mit den Pattys belegen, nochmals Joghurtsauce darübergeben und mit dem oberen Brötchen abschließen.

Meine Zauberformel

für orientalischen Genuss

Dieses Rezept hat seinen Ursprung im Orient. Natürlich mischt man dort nicht Rind und Lamm, sondern nimmt das Lamm pur. Damit das am Ende durch den geringen Fettanteil keinen trockenen Burger ergibt, kann man den Schafskäse vorab in etwas Olivenöl einlegen und ziehen lassen – das Ergebnis ist dann einfach saftiger.

Richtig saftig muss es sein!

SAUCEN & CO.

OHNE GEHT'S NICHT

Ein trockener Burger ist eine staubige Angelegenheit, wie der Biss in eine alte Pappschachtel. Ketchup oder Mayonnaise pur sind old school. Als Basis freilich, als Ausgangsstoff, taugen Ketchup und Mayo sehr wohl. Etwa für die klassische Cocktailsauce, die dazu noch Worcester-Sauce, Essig und Senf aufruft. Von da an darf gepimpt werden: Gurken, Zwiebeln, Whiskey und natürlich Gewürze wie Pfeffer, Salz, Paprika, Piment usw.

EINFACH GUT

Joghurt, Quark oder Crème fraîche verlangen nicht nach viel Aufwand. Sie sind zufrieden, wenn sie mit Zitronen-, Limetten- oder Orangensaft, fein gehackten Kräutern und ein paar zarteren Gewürzen verfeinert werden. Das passt sich dann ganz besonders gut verschiedenen Gemüsen an. Mein Tipp: Je mehr Käse auf dem Burger ist, desto weniger Sauce wird benötigt.

MIT BESONDERER NOTE

Für richtige Fleischkracher darf Raucharoma mit ins Spiel. Das kann als Körnchen bzw. Pulver in Form von Rauchsalz oder Rauchpaprika sein, beliebt ist obendrein »Liquid Smoke«, den man am einfachsten übers Internet bezieht. Ich würde raten, beim Abschmecken erst mal eher vorsichtig zu sein, denn je nach dem Eigengeschmack der anderen Zutaten kann das intensive Raucharoma schon auch etwas übertönen oder vorschmecken. Das gilt übrigens ganz grundsätzlich: Der Burger soll vorrangig nach dem Burger schmecken und nicht nur nach der Sauce.

KLASSISCH AMERIKANISCH

Klasse als BBQ- und damit selbstverständlich auch als Burgersauce ist eine Kreation, bei der man zunächst mal Cola Zero bei großer Hitze stark einkocht, etwa auf 20 Prozent des Startvolumens. Bloß nicht das Gesicht drüberhalten, es nimmt einem in seiner Konzentration buchstäblich den Atem! Genau das ist auch das Geheimnis für den späteren Geschmack der Sauce. Vermischt mit Ketchup oder pürierten Tomaten, Zwiebel-, Ingwer- und Knoblauchpulver, weiteren Gewürzen nach Belieben, Raucharoma und Cognac, hat man eine Hammersauce, auf die man zu Recht stolz sein kann. Mein Tipp: So was zum Pulled-Pork-Burger gewinnt jeden Preis!

LACHSBURGER MIT WASABI UND ORANGE

2 Lachsfilets (à 180 g; küchenfertig, ohne Haut)
2 Orangen
1 Stück Ingwer (ca. 2 cm lang)
Salz
6 TK-Kaffir-Limettenblätter
6 EL Crème fraîche
2 TL Wasabicreme
1 TL Agavendicksaft
2 Handvoll Pflücksalat
Pfeffer
2 Burgerbrötchen
–
Für 2 Personen
35 Min. Zubereitung
Pro Portion ca. 710 kcal

1 Backofen auf 160° vorheizen. Die Lachsfilets mit Küchenpapier trocken tupfen, auf eventuelle Gräten überprüfen und diese gegebenenfalls mit einer Pinzette oder Grätenzange auszupfen. Den Saft einer Orange auspressen. Ingwer schälen, fein würfeln.

2 Die Lachsfilets in eine feuerfeste Schale geben, mit Orangensaft übergießen, den Ingwer darauf verteilen und alles mit etwas Salz würzen. Die Kaffir-Limettenblätter obenauf legen. Den Lachs im Ofen ca. 15 Min. garen, sodass er innen noch etwas glasig ist.

3 Die Crème fraîche mit Wasabicreme und Agavendicksaft mischen. Die Creme sollte leicht scharf sein. Salat waschen und trocken schleudern, danach mit der Hälfte der Creme mischen. Mit Pfeffer würzen.

4 Von der zweiten Orange die Schale samt der weißen Haut bis ins Fruchtfleisch hinein entfernen und die Filets zwischen den Trennhäutchen herauslösen. Die Filets in Würfel schneiden und diese in einer Schale mit der übrigen Creme vermengen.

5 Die Brötchen halbieren und in den letzten 3 Min. der Garzeit zum Lachs in den Ofen geben. Den fertig gegarten Lachs herausholen, die Limettenblätter entfernen und den Fisch mit zwei Gabeln zerrupfen.

6 Die Burger in der Reihenfolge untere Brötchenhälfte, Pflücksalat, Lachs, Wasabicreme und wieder Pflücksalat aufschichten. Brötchendeckel auflegen.

Meine fantastische Idee

für mehr Aroma

Den Lachs kann man auch auf dem Grill oder im Smoker zubereiten. Bei einem Grill reicht bereits eine kleine Metallbox mit gewässerten Holzchips – gibt's in jedem Baumarkt in der Grillabteilung –, um damit genügend Rauch zu erzeugen. Die Temperatur sollte dabei nicht höher sein als 180°, dann sind die Lachsfilets bei indirekter Hitze in 10 Min. gar.

RAMENBURGER MIT KIMCHI

120 g Ramen-Nudeln
2 Eier
Salz | Pfeffer
2 EL Öl
300 g Rinderhackfleisch
2 EL Teriyaki-Sauce
1 reife Avocado
1 Knoblauchzehe
2 Stängel Minze
Saft ½ Limette
2 EL Mayonnaise
Cayennepfeffer
1 Handvoll Rucola
100 g Kimchi (Fertigprodukt)
–
Für 2 Personen
40 Min. Zubereitung
Pro Portion ca. 1 021 kcal

1 Die Ramen-Nudeln nach Packungsanweisung in kochendem Wasser garen, anschließend in ein Sieb abgießen und unter kaltem Wasser abschrecken. In eine Schüssel 1 Ei aufschlagen und mit der Gabel kräftig verquirlen. Mit Salz und Pfeffer würzen, die Nudeln dazugeben und alles miteinander mischen.

2 Auf einer Grillplatte 1 EL Öl erhitzen. Vier Serviettenringe mit ca. 10 cm Durchmesser leicht einölen und auf die Platte geben. Die Nudeln gleichmäßig auf die Ringe verteilen. Bei mittlerer Hitze in ca. 3 Min. anbraten. Danach die Ringe vorsichtig abheben und die Nudeln wenden. In weiteren 2 Min. fertig braten, auf Küchenpapier abtropfen und abkühlen lassen.

3 Das Hackfleisch in eine Schüssel geben, Teriyaki-Sauce, Salz, Pfeffer und das übrige Ei dazugeben und alles von Hand zu einer homogenen Masse verkneten. Zwei Pattys daraus formen und diese im Kühlschrank oder Tiefkühlgerät kalt stellen.

4 Die Avocado halbieren, den Kern entfernen und das Fruchtfleisch mit einem Löffel aus der Schale heben. Den Knoblauch schälen und sehr fein hacken. Die Minze waschen, trocken schütteln, die Blättchen abzupfen und ebenfalls sehr fein hacken.

5 Avocado, Knoblauch und Minze in einer Schüssel mit Limettensaft, Mayonnaise und Cayennepfeffer vermischen, mit Salz abschmecken und bis zur weiteren Verwendung der Kern wieder dazugeben.

Meine fantastische Idee

für den Pfiff extra

Kimchi ist eine koreanische Spezialität und besteht aus fermentiertem Chinakohl – mitunter auch aus Gurken, Lauch oder Rettich –, der mit Ingwer, Knoblauch und Chilipulver verfeinert wird. Manchmal ist auch Fischsauce dabei. Das alles kann man sehr gut selbst zubereiten, schneller geht's mit fertig gekauftem Kimchi, das man nach Belieben nachwürzt.

6 Das restliche Öl auf der Grillplatte erhitzen und darin die Pattys auf jeder Seite ca. 3 Min. anbraten. Inzwischen den Rucola waschen und trocken schleudern. Kimchi in einem Sieb etwas abtropfen lassen.

7 Nun die Burger in folgender Reihenfolge aufschichten: Ramen-Bun, Avocado-Minze-Mayo, Rucola, Burgerpatty und Kimchi, dann mit dem zweiten Ramen-Bun abschließen. Den Burger heiß genießen.

RINDERBURGER MIT MANGOFÜLLUNG

1 reife Mango
½ rote Thai-Chili (Vogelaugenchili)
1 EL Ketchup
2 EL Mayonnaise
Salz / Pfeffer
4 Blätter Römersalat
1 Tomate
1 Essiggurke
1 rote Zwiebel
1 EL Öl
4 Scheiben Speck
300 g Rinderhackfleisch
2 Scheiben Emmentaler
2 Burgerbrötchen
–
Für 2 Personen
30 Min. Zubereitung
Pro Portion ca. 980 kcal

1 Die Mango schälen, das Fruchtfleisch vom Stein lösen. Die eine Hälfte davon fein würfeln, die andere in Scheiben schneiden. Die Thai-Chili waschen, Stielansatz, weiße Trennwände und Kerne entfernen.

2 Die Chilihälfte sehr fein würfeln. Die Hälfte davon zu den Mangowürfeln geben und beides vermischen. Restliche Chiliwürfel mit Ketchup und Mayonnaise verrühren. Mit Salz und Pfeffer abschmecken.

3 Salat putzen, waschen und trocken schleudern. Die Tomate waschen, vom Stielansatz befreien und in Scheiben schneiden. Essiggurke längs in Scheiben schneiden. Zwiebel schälen und in Ringe schneiden.

4 Auf einer Grillplatte das Öl erhitzen und darin die Zwiebel und den Speck knusprig anbraten. Danach zum Entfetten auf Küchenpapier abtropfen lassen.

5 Das Hackfleisch salzen und mit den Mangowürfeln vermischen. Aus der Masse zwei Pattys formen und diese auf der Grillplatte im verbliebenen Öl von jeder Seite ca. 3 Min. braten. Nach dem Wenden je eine Scheibe Käse auf das Fleisch legen. Die Brötchen halbieren und mit den Schnittseiten nach unten dazulegen. Den Deckel des Grills schließen.

6 Für den Burger die Brötchenhälften mit Chilisauce bestreichen. Die unteren Hälften mit Salat, Fleisch, Mangoscheiben, Tomate, Gurke, Zwiebel und Speck belegen, dann mit dem Brötchendeckel abschließen.

IT'S MAGIC!

Statt das Hackfleisch nur mit der Mango zu vermischen, kann man es auch raffiniert füllen. Dazu nicht zwei, sondern vier Pattys zubereiten und zwischen jeweils zwei Hälften die Mangowürfel einlegen, und zwar solcher Art, dass die Fruchtfüllung vom Fleisch komplett umschlossen ist. Wer mag, kann die Mangowürfel zuvor auch 3–4 Min. in etwas mit Gelierzucker versetztem Wasser blanchieren, das bringt noch mehr Süße und Weichheit.

SURF-&-TURF-BURGER MIT GUACAMOLE

Meine Zauberformel

für perfekten Genuss

Hier wird bewusst gespielt mit der Mischung aus Schärfe, Süße, Säure, Salzigkeit und Umami – ein perfekt ausgewogener Burger. Die Gewichtung der einzelnen Geschmacksrichtungen kann man selbst steuern, doch sollte keine Nuance tatsächlich die Oberhand gewinnen.

4 Riesengarnelen (»Tiger-Prawns« à 60 g; küchenfertig)
½ Thai-Chili
2 EL Olivenöl
1 EL Chiliöl
4 Blätter Lollo rosso
1 Avocado
1 Knoblauchzehe
1 Bio-Limette
Salz | Pfeffer
300 g Rinderhackfleisch
3 EL Yakitori- oder Oyster-Sauce
1 EL Öl
4 Scheiben Frühstücksspeck
2 Burgerbrötchen
2 EL süßsaure Chilisauce

–

Für 2 Personen
30 Min. Zubereitung
Pro Portion ca. 1 150 kcal

1 Die Garnelen schälen. Die Thai-Chili waschen, Stielansatz, weiße Trennwände und Kerne entfernen. Die Chilihälfte in sehr feine Würfel schneiden.

2 Die Chiliwürfel in einer flachen Schale mit dem Olivenöl und dem Chiliöl verrühren. Die Garnelen hinzufügen, in der Marinade wenden und für die Dauer der weiteren Zubereitung ziehen lassen. Die Salatblätter waschen und trocken schleudern.

3 Avocado längs halbieren, den Kern entfernen, das Fruchtfleisch mit einem Löffel aus der Schale heben und mit einer Gabel fein zerdrücken. Knoblauch schälen, fein würfeln. Limette heiß waschen, abtrocknen, die Schale fein abreiben, den Saft auspressen. Knoblauch, Limettenschale und -saft zur Avocado geben und gut untermischen. Mit Salz und Pfeffer abschmecken.

4 Das Hackfleisch in einer Schüssel mit der Yakitori- oder Oyster-Sauce verkneten. Zu zwei Pattys formen. Das Öl auf einer Grillplatte erhitzen, darin die Pattys von jeder Seite ca. 3 Min. braten. Warm halten.

5 Nun den Frühstücksspeck auf der Grillplatte braten, bis er knusprig ist. Danach auf Küchenpapier geben und abtropfen lassen.

6 Zum Schluss die Garnelen auf der Grillplatte von beiden Seiten in je 1,5 Min. scharf anbraten. Die Brötchen halbieren und in der letzten Minute mit den Schnittflächen nach unten dazulegen. Die fertig gegarten Garnelen mit der Chilisauce beträufeln.

7 Zum Servieren die unteren Brötchenhälften mit Salat, Pattys, Speck und Garnelen belegen. Mit der Avocadocreme und dem Brötchendeckel abschließen.

Register

A/B

C/F

G/H

K/L

M

O/P

R

S

T

V/W

Z

AUTOR UND FOTOGRAF

dieses verzaubernden Burgerbuchs

MATTHIAS F. MANGOLD

… widmet sich mit Vorliebe allen kulinarischen Genüssen. Er betreibt in der Pfalz sein Unternehmen »genusstour« mit Kochkursen und Weinseminaren, ist Chefredakteur des VINUM Weinguides und erhielt für seine Kochbücher bereits mehrfache Auszeichnungen, darunter den Deutschen Kochbuchpreis und den ITB Award der Deutschen Tourismusbörse. Sein Hauptaugenmerk bei den Rezepten gilt immer der Nachvollziehbarkeit.

WOLFGANG SCHARDT

… kann seine Liebe für Essen und Trinken beruflich ausleben: In seinem Studio in Hamburg fotografiert er vor allem Food, Stills und Interieur für Magazine, Verlage und Werbung. Sein Team für die magischen Fotos dieses Buchs: Adam Koor (Foodstyling) und Janet Hesse (Assistenz).

www.wolfgangschardt.com

APPETIT AUF MEHR?

ISBN 978-3-8338-7304-1

ISBN 978-3-8338-7691-2

ISBN 978-3-8338-7082-8

ISBN 978-3-8338-6620-3

ISBN 978-3-8338-7950-0

ISBN 978-3-8338-6623-4

Alle hier vorgestellten Bücher sind auch als eBook erhältlich.

G|U

Mehr von GU auf **www.gu.de** und **facebook.com/gu.verlag**

Impressum

GU ist eine eingetragene Marke der GRÄFE UND UNZER VERLAG GmbH, www.gu.de

ISBN 978-3-8338-8808-3
1. Auflage 2023

Projektleitung: Linh Nguyen
Lektorat: Dr. Stefanie Gronau
Korrektorat: Jutta Friedrich
Umschlaggestaltung und Layout: ki36 Editorial Design, Sabine Krohberger, München
Herstellung: Petra Roth
Satz: Reemers Publishing Services GmbH
Reproduktion: Medienprinzen GmbH, München
Druck und Bindung: Firmengruppe APPL, aprinta druck, Wemding
Printed in Germany

Ein Unternehmen der
GANSKE VERLAGSGRUPPE

Umweltthinweis:
Nachhaltigkeit ist uns sehr wichtig. Der Rohstoff Papier ist in der Buchproduktion hierfür von entscheidender Bedeutung. Daher ist dieses Buch auf PEFC-zertifiziertem Papier gedruckt. PEFC garantiert, dass ökologische, soziale und ökonomische Aspekte in der Verarbeitungskette unabhängig überwacht werden und lückenlos nachvollziehbar sind.

Die GU-Homepage finden Sie unter www.gu.de

Bildnachweis:
StockFood / Sylvia Meyborg: Cover
Wolfgang Schardt: alle Fotos im Innenteil (außer Autorenfoto auf S. 04)
Vivi D'Angelo: Autorenfoto auf S. 04
The Noun Project / Royyan Wijaya: Icon auf S. 04
The Noun Project / Pham Thanh Loc: Icon auf S. 05 (oben, links)
The Noun Project / Becca: Icon auf S. 05 (Mitte, rechts)

Syndication:
www.seasons.agency

QUALITÄTS G|U GARANTIE

LIEBE LESERINNEN UND LESER,

wir wollen Ihnen mit diesem Buch Informationen und Anregungen geben, um Ihnen das Leben zu erleichtern oder Sie zu inspirieren, Neues auszuprobieren. Wir achten bei der Erstellung unserer Bücher auf Aktualität und stellen höchste Ansprüche an Inhalt und Gestaltung. Alle Anleitungen und Rezepte werden von unseren Autoren, jeweils Experten auf ihren Gebieten, gewissenhaft erstellt und von unseren Redakteur*innen mit größter Sorgfalt ausgewählt und geprüft.

Haben wir Ihre Erwartungen erfüllt? Sind Sie mit diesem Buch und seinen Inhalten zufrieden? Wir freuen uns auf Ihre Rückmeldung. Und wir freuen uns, wenn Sie diesen Titel weiterempfehlen, in Ihrem Freundeskreis oder bei Ihrem Online-Kauf.

Sollten wir Ihre Erwartungen so gar nicht erfüllt haben, tauschen wir Ihnen Ihr Buch jederzeit gegen ein gleichwertiges zum gleichen oder ähnlichen Thema um.

KONTAKT ZUM LESERSERVICE

GRÄFE UND UNZER VERLAG
Grillparzerstraße 12
81675 München
www.gu.de